CONFISSÕES

E PÁGINAS PERDIDAS

BRUNO SIEBRA

CONFISSÕES
E PÁGINAS PERDIDAS

Confissões e Páginas Perdidas.
Autor: Bruno Siebra
Revisão textual e diagramação do autor.
Várzea Alegre, Ceará, Brasil: 2014
Impresso e distribuído por Lulu.

À Minha mãe; Marta Yris;
pelo apoio e incentivo incondicionais.
Aos meus amigos;
por dar vida nova a um velho coração.
À Isabel Siebra;
pela inserção no universo da leitura.

Agradeço.

Aos Artesãos Sem Nome...

REGRESSO

Não chore, menina dos olhos
Pelo frio da madrugada
Que a manhã é certa, e logo
Serás estação de chegada

Coração errante, tens dono
Não cales por pensar em nada
O vento das sombras da noite
Não brincará mais em tua calçada

Em breve, te verei de novo
Menina bem-aventurada
Menina dos olhos do amor
Minha vida foi abençoada

Não chore, menina dos olhos
Veja o canto da passarada
Sinta o céu azul no teu rosto
Veja a lua te amar prateada

Não pense que te esqueci

Em meu peito, tua letra marcada
Me diz teu amor nos meus lábios
Sobre a vida, longe, enluarada

Se a estrada é perda profunda
Não fiques por mim magoada
Que a manhã é certa, e logo
Serás estação de chegada

O POETA.

o poeta é como um pássaro
preso numa gaiola
empresta beleza a um mundo
que não lhe dá amor

distante do seu céu
longe do seu chão
vive num mundo irreal
cercado de ilusão

SEGREDOS DO AMOR

apenas teu sorriso e essa doçura em teu olhar
teu lindo silêncio olhaando a vida acontecer
é tudo o que preciso e eu vivo esse amor
e você nunca vai saber quem sou

estrangeiro em teus sentidos eu seria
talvez tristeza ou nojo, uma leve agonia
não quero essa repulsa, pois te sigo onde for
e você nunca vai saber quem sou

tão perto que ás vezes te sinto respirar
distante o bastante pra esconder o coração
eu finjo e me calo e vou suportar a dor
e você nunca vai saber quem sou

e quando um dia quem sabe por descuido
a minha face revelar a face oculta
em lágrimas, te pedirei perdão por quem eu sou
você nunca entenderá esse amor

4

EPITÁFIO

Havia um beijo
Eu não roubei
Havia um poema
Não escrevi
Havia uma chance
Eu não tentei
Havia uma vida
Eu não vivi
Morri
Sem viver

Havia o tempo
Eu o perdi
Havia uma voz
Eu não ouvi
Havia o amor
Não conheci
Havia você
Eu desisti
Morri
Sem ter prazer

Havia um dom

Eu não usei

Havia um som

Eu não dancei

Havia flores

Não as cheirei

Havia um rio

Eu não nadei

Morri

Por merecer

Havia a infância

Nunca sorri

Houve a adolescência

Nunca senti

Veio a maturidade

Não sei se a vi

Veio a velhice

Enlouqueci

Morri

Sem viver

Havia um sonho

Eu não lutei
Havia dores
Não as provei
Havia tanta paz
Não sei pra quê
Havia tanta coisa
Não as toquei
Morri
Sem conhecer

Havia a noite
Não me diverti
havia o teu véu
Não o rompi
Havia uma ideia
Não difunfi
Havia uma saída
Eu me perdi
Morri
Sem viver

O ÚLTIMO SOL

Um dia vou me achar sentado
À janela da minha vida
Sentir no rosto cansado
A leveza da brisa garrida

Que se sorri quando amanhece
Vou me unir ao breve som
De um pássaro em sua prece
Vou sentir tudo que é bom

Neste dia serei pleno
Como o sol que desponta
Serei tão grande, tão pequeno

Ao redor de mim haverá
Tudo aquilo que me faz feliz
Aquilo que nunca morrerá

PRA QUE SEJA ETERNO

Traduzir o sol
No que é teu olhar
Pra que seja azul
Toda a cor do mar
Nas águas que rego
Meus dias em flor
Lágrimas que entrego
Pra viver o amor

Traduzir o tempo
No que é teu momento
Pra que seja eterno
Todo toque teu
Na vida em relevo
Sobre o meu papel
Desenhos desejos
Vida em teu pincel

Pra me construir
Em teu gozo extremo
Pleno movimento

Da vida verdadeira

Moldando-me no tempo

Brilhando-me no sol

Livre como o vento

Em teu desejo maior

TALVEZ

Talvez esta não seja uma boa hora para escrever
Talvez eu deva parar de beber
Talvez eu recomece aqueles projetos sem eira nem beira
Talvez eu reinvente minha vida inteira
Talvez eu seja louco por pensar assim
Talvez seja você o pior pra mim
E mesmo que eu nuca possa compreender
Eu sei que também sou o pior pra você

Talvez eu aceite um desafio na sinuca
Talvez eu cresça, antes tarde do que nunca
Talvez um dia eu entenda logarítimo
Talvez eu não esteja dentro do seu ritmo
Talvez eu destrua minha vida inteira
Só pra ter assunto e rima na segunda-feira
E mesmo que você não queira entender
Talvez eu seja o melhor pra você

A BATALHA

Ele gritou como não devia
Ele lutou como não sabia
Ele cantou, só a noite o ouvia
E o dia raiou

Sua voz no céu reluzia
Seu olhar na terra chovia
Ele cantou, só a noite o ouvia
E o dia raiou

Foi grande a força e ninguém sentia
Foi grande a fé e ninguém tremia
Ele cantou, só a noite o ouvia
E o dia raiou

Varreu a dor e ninguém podia
Venceu o medo e ninguém faria
Mas ele fez e a noite o ouvia
E o dia raiou

SIMPLES DESEJOS

quero do dia apenas o sol
e da noite
quero apenas o descanso

quero poder expandir o meu canto
te amar no canto da sala
e nu comer do fruto da vida
são, sóbrio e só

quero do amor apenas o poema
e do ódio
quero apenas me afastar

quero me despir do mundo e cantar
te cantar com meu verso insano
provar dos sete sabores da vida
são, sóbrio e só

quero de Deus o consolo seguro
e do diabo
quero ficar distanciado

reinventar o que já foi cantado
e cantar o que eu menos sei
renascer melhor a cada dia
são, sóbrio e só

quero da vida apenas o riso
e da morte
quero apenas uma grande festa

quero cantar tudo que me resta
cantar o que deve existir
saber do toque sereno de Deus
são, sóbrio e só

quero de ti apenas o amor
e da dor
quero apenas poder esquecer

cantar bem forte pro riso nascer
me embriagar de poesia
viver do gozo supremo da vida
são, sóbrio e só

SAUDADE

(o asfalto, a poeira, a estrada)

O sol nascendo na minha janela
Você tão bela, nua sobre mim
O asfalto, a poeira, a estrada
Longo caminho que parece não ter fim

A vida sem pressa, sem destino
Eu tão menino, no meu canto a sonhar
O asfalto, a poeira, a estrada
Essa incessante vontade de voar

A tua voz brincando de sonhar
A luz do sol passeando sobre mim
O asfalto, a poeira, a estrada
E essa vontade de chorar que não tem fim

O vento assanha meus cabelos
Molha meu rosto, o suor dessa paixão
Derramados no silêncio do caminho
O asfalto, a poeira, a estrada, a solidão

POR VIRTUDE DO MUITO IMAGINAR

viajei ao fundo da noite

onde o amor é impossível

ponto infinito

fora do meu alcance

escreví ridículas

cartas dos meus eus

aos seus teus

semideia semideus

tornei-me coisa amada

mas o amor deu em nada

e em nada me tornei

PORÕES

Que nas torturas
A mente não me traia
E a carne sofra
Calada o que se trava
Contra o justo
Vestido da verdade
Palas palavras
Que não posso calar

Que nas calúnias
Os olhos não me ceguem
De ver quem sou
Além dos que perseguem
E sua vontade
De me desmoronar
Pelas palavras
Que não temem falar

Vencida a guerra
A carne não me traia
De ver quem sou

O orgulho não me cegue
Tenha a força e a fé
Do campo de batalha
Quando de tudo
Eu puder descansar

SÓ QUERO SABER DO AMOR QUE HÁ

Não quero mais cantar a dor
Nada quero ouvir da tristeza
Só quero saber do amor que há
Quero apenas o que há beleza

Quero me livrar de todo mal
Quero apenas sentir poesia
Só quero gritar de prazer
E chorar, só de muita alegria

Não quero saber do espelho
Nenhuma notícia ruim
Quero apenas saber que é Deus
O melhor que há dentro de mim

Por isso menina, só quero
Te amar se for mesmo verdade
Eu quero amar pra sorrir
E não pra perder a vontade

Quero viver quantos anos

A vida tiver pra me oferecer

E quando morrer vou olhar para o céu

E dizer: Pai, tô indo te ver

Por isso só venha comigo

Se a alegria te acompanhar

Não quero nada da tristeza

Só quero saber do amor que há

VEM MORAR COMIGO.

Força e refúgio
Brilho do amor
Leva de mim
O peso do castigo

Abrigo seguro
Me guarda da dor
Passa de mim
As setas do perigo

Pai, Mãe, Irmão
Força do coração
Deixa-me entrar
Ir morar contigo

Falta-me o ar
Venha me inundar
Com tuas águas
Vem, olhar amigo

Sozinho, nada

De mim vai mudar

Sozinho, nada

De mim faz sentido

Tudo, princípio

Percurso e fim

Vem depressa

Vem morar comigo

ACORDA AMOR, ESTOU VOLTANDO

acorda amor, estou voltando
pra pegar de volta o rumo do caminho
pra pagar o preço de estar sozinho
trago um doce e aberto sorriso vindo
de cada lágrima que aqui chorei

acorda amor, estou chegando
pra repartir entre os cegos minhas flores
semear entre os espinhos minhas dores
e um coração que está por onde fores
viver mais uma vez o sonho teu

acorda amor, estou voltando
e me perdoa se de fato a vida é isso
pra ser feliz fiz o que foi preciso
mas no fim das contas o meu riso indeciso
quís chorar as mágoas por não mais te ter

por isso amor, não poupe abraços
regue ao teu cantar meu pavor e meu cansaço
sorria se puder e cada mágoa disfaço

quanto mais próximos de ti ficam meus passos

acorda amor, estou chegando

ENTREGA

deixa cair a tarde
deixa o sol se pôr
deixa que o tempo diga
a verdade, mesmo sendo dor

deixa que a noite venha
deixa perder-se a cor
deixa que todos saibam
a verdade, mesmo sendo dor

deixa que a chuva caia
deixa eu morrer de amor
deixa que hoje eu viva
a verdade, mesmo sendo dor

e quando amanhecer
deixa o sol surgir
deixa o dia nascer
deixa o poder agir

quando o sol surgir

deixa ele ser calor

deixa que Ele te ensine

a verdade, mesmo sendo dor

A SEMENTE

Lembra daquela semente que a gente plantou lá no nosso jardim?

Lembra nossas mãos bem juntas preparando a terra pra ela nascer ?

E o sorriso em nossos olhos quando ela finalmente floresceu ?

Agora, já idos os anos, que planta frondosa há em nosso quintal!

Ó, quão doces são os frutos, quão belas as flores que vem perfumar o jardim da nossa casa que aprendeu o que é ser feliz de verdade.

Nem por mim, nem por você, cresceram os filhos do que se plantou, mas por nossas mãos unidas num gesto sincero de um grande amor.

MULHER MARIA

O tempo quente
A cabeça fria
Lá vai Maria
Vai trabalhar
Nem bem é dia
E já se ouve
Ela cantar
Lavando roupa
Passando roupa
Só pára mesmo
Pra cozinhar
Vende marmita
E o marido
De bar em bar

O tempo quente
A cabeça fria
Êta Maria
É de admirar
Tanto suor
E no fim do dia

O marido chega

Pra atormentar

Tenta te bater

Tenta te amar

E você com nojo

Manda pro sofá

E a vontade

De separar

O tempo quente

A cabeça fria

Mulher Maria

Igual não há

Sustente a casa

Ajuda os parentes

Bota os meninos

Pra estudar

Cuida da casa

Rege o marido

Só sente falta

De ser amada

Mas nunca pára

De cantar

MEU BEM QUERER

Não tenha medo de me perder
Pois eu já me perdi em teu olhar
Não tenha medo de eu te esquecer
Pois esqueci de mim só por te amar
Não tenha medo do tempo e distâmcia
Eternamente em ti irei estar

E sempre que eu te beijar
Será como a primeira e a última vez
E sempre que eu te amar
Será como se tudo dependesse de eu viver
Completamente rendido à você

Meu bem querer, meu ar
Que tudo seja uma canção para nós dois
Qur não haja nisso tudo um depois
Que sejamos sempre e cada dia mais
Amor e amantes nessa dança viva em luz

SOB A CHUVA

menino livre sob a chuva
sentindo no corpo o gotejar
cristalino, pedaços do céu
regando a semente de Deus

menino livre sob a chuva
pra esconder a chuva no olhar
cristalino, pedaços do céu
estilhaçados no seu caminho

não queria estar na chuva
mas o abraço do frio consolava
mais do que um dia
sob um teto de desamor

quem queria estava na chuva
banhava-se com seu calor
hoje vê que a alegria sob a chuva
era um sinal da presença do Senhor

que o fazia ser só criança

e brincar na rua enquanto a vida

e toda a dor o faziam envelhecer

e morrer de amor sob a chuva

TERESINA

Menina, o verde
Dos teus olhos me alucina
Beijo tua boca
Quando o céu se descortina

Cedo me lanço
No calor dos teus abraços
na leveza dos teus passos
No sabor da cajuína

No amarelo
Da tua luz me enveneno
Me perco no compasso
Desse teu jeito sereno

Não hesitei
Em guardar no coração
Essa sublime canção
Que o teu amor me ensina

O azul profundo

Do teu céu tem cor de vida

Os anjos brincam

Na tua noite tão garrida

Deus foi perfeito

Ao unir num ambiente

Esse calor de adolescente

Em um corpo de menina

Alvas tuas mãos

Vieram me acalentar

Do fruto do teu chão

Vou sempre me alimentar

Eu, cearense

Endoideci de paixão

Por esse gentil torrão

Eu te amo, Teresina

HAI KAI

Vem no céu subindo
o sol. Num belo arrebol.
É o dia surgindo

MARCOS

Carlos correu apressado.
Luzia chorando no quarto
deserto Maurício pensava.
Todos os olhos da rua,
todos os medos focados.
O melhor amigo de todos
jazia no chão, baleado.

POEMINHA DE AMOR

Teus olhos, bela morena
Tem a cor da minha vida
Cor da canção de amor
Em meus olhos escondida
Mas que hoje desabrocha
pelas folhas e meus dedos
teus olhos, bela morena
Desvendam os meus segredos

Se cantas, minha pequena
Tens meus dias em tuas mãos
Mãos de rosa tão serena
Que perfuma o coração
Te ouvindo tenho a certeza
De que existe a Poesia
Se cantas, minha pequena
Tenho em mim grande alegria

Se sorris, minha menina
Dás ao céu nova riqueza
Rico sou por poder ter

Junto a mim tua beleza

Meu presente, meu futuro

Vou contigo construir

Se sorris, minha pequena

Fazes a vida sorrir

SONHOS

Mesmo que pareça longe
Difícil de acontecer
Mesmo que seja tolice
Aos olhos de quem te vê

Acredite no seu sonho
Pois ele luta pra viver
Se teu coração o busca
Com fé ele vai florescer

Não se deixe esmorecer
Pelo cansaço da espera
Não se deixe abater
Vitória tem quem persevera

Acredite no seu sonho
Pois ele nasceu pra viver
Se for em Deus a tua busca
Com certeza vais vencer

CONTAGEM REGRESSIVA

houve um tempo em que eu perdia tempo
e hoje eu só quero ficar com você
contemplando esse lugar que não me verá
mas viverá cercado de mim

tantas horas sem saber porque
dos porquês serem tão desleais
me perdoa se eu não tenho tempo
para reatar os nós que desatei

o que me resta e te sobra é saber que as flores
só perfumam os buquês enquanto morrem
sufocando e sedentas pouco a pouco

o que me sobra e te resta é a certeza de que o céu
não é azul é negro e a cor é ilusão
é a luz brincando pra matar o nosso medo

QUEM SABE HOJE SEJA MANHÃ EM MIM

mais uma eterna noite de silêncio
vejo morrer enquanto nasce o sol
quem sabe a paz esteja do meu lado
quem sabe hoje seja um dia bom

enquanto a noite cai eu me levanto
eu abro a janela, estou tão só
enfrentar mais um dia de trabalho
quem sabe tudo esteja a meu favor

pra aliviar meu peito só teu canto
pra me curar, apenas teu olhar
perdoa esse meu choro incontido
tenho te dado apenas meu pior

permita que eu descanse hoje em teu colo
me faz lembrar apenas do que é bom
quem sabe eu adormeça eternamente
e voe pra bem longe dessa dor

ou quem sabe este dia seja a vida

a amanhecer feliz dentro de mim

seja o que for, mas que seja a teu lado

pra que eu possa ser feliz, ser amor

O VELHO

O velho me olha
Com seus olhos saudosos
Ele sabe do tempo
Ele conhece a vida
E seus rumos

Ele conhece a mim
Por isso me olha
E seu sorriso nasce
Espontâneo como o sol

Ele me olha como
Quem quer juventude
Eu o estudo
Como quem quer saber

O velho me olha
E no seu olhar eu
Vejo mais que um
Tempo passado

Eu vejo dias vividos

Eu vejo a mim
Longe, muito longe
Em seu olhar
Sonhando
Com o que vai chegar

ROSA

Rosa, vem cá, me conta uma história
Daquele lugar chamado amor
Em tuas mãos me traz uma rosa
Me faz senti-la por onde eu for

Entrega-me teu tesouro escondido
Eu te darei cada gesto oprimido
Cada suspiro em dores perdido
Aquele poema há muito esquecido

O teu vestido, cor do que eu posso ver
Quero enfeitar com meu querer
Ir contigo até onde Ele nos levar

Rosa, te darei o meu verso amigo
E todas as letras que Ele me ensinar
Nas asas do que me der vamos voar

SOZINHA

Sozinha eu neste recanto
Ouvindo o canto de um pássaro
Sentada só nesta calçada
Lembrando os passos das crianças
Que inda ontem aqui brincavam
E hoje longe correm livres
Cada um com seus desejos
Ilusões e caminhadas
Talvez relembrem por instantes
De quem antes os guardava
Quando chovia e a trovoada
Os impedia de sonhar
Talvez só por um momento
O vento lhes traga pra bem perto
Pra os dias de sorriso aberto
Onde aqui chamavam lar
E o telefone enfim me chama
Uma voz tão conhecida
Vem me chamar de querida
Faz a saudade aumentar
Disfarço o choro de vontade

De abraçá-los como antes

E quando acaba a ligação

Voa bem alto o coração

Nas asas das minhas lágrimas

Depois de tanto encanto

Tantas lutas sem descanso

Findo a vida ouvindo o canto

Solitário de um pássaro

Sozinha eu neste recanto

SE FOSSE VOCÊ

Se quando anoitecesse
Ao andar nas ruas
Eu visse a luz do sol
Eu não fugiria

Se quando escurecesse
Em meio a dor
Se eu sentisse o sol
Eu não temeria

Se a vida me trouxesse
O amor num beijo
Mesmo fosse mentira
Eu não fugiria

Se acaso ao morrer
Palavras me dessem cor
Mesmo ao entardecer
Eu não temeria

Se fosse você

Eu não fugiria
Se fosse teu som
Eu não temeria

Deixa eu te dizer
Deixa eu te ver
Deixa eu te sentir
Eu não fugiria

Vem me percorrer
Vem me renascer
Vem me descobrir
Eu não temeria

Se fosse assim
Como quem ressurge
Das cinzas, do pó
Eu não fugiria

Se fosse eterno
Como o amor de Deus
Se fosse como o céu
Eu não temeria

Se fosse tua mão
Eu não fugiria
Se fosse você
Eu não temeria

Eu amaria
Eu viveria
Desta vez
Conheceria

Eu te daria
Eu te faria
Dona do amor
E o sentiria

Até o fim
Sem fim
Assim
Enfim

VOCÊ

minha jóia mais rara
minha prenda mais cara
meu lugar mais secreto é você

meu perigo de morte
minha vida, minha sorte
meu destino e sucesso é você

que me arrancou a vida
pra me entregar-me à sua
meu sincero poema é você

chuvas de luz em teus olhos
rios de graça em teus beijos
minha lua encantada é você

sonhos levaram meus medos
entendestes todos meus segredos
realidade do amor é você

ARTE DE VIVER

Aprendi a arte de viver de mim mesmo

Nesta vida não há segredos

Que a solidão não possa esclarecer

Que o amor não faça enturbecer

É uma arte em parte esse tal de viver

Se é arte exige maestria

Certa pose, certa inteligência

Mas bom mesmo é não ter prudência

De descobrir toda a ciência

Como uma criança bem sabe fazer

TE QUERER

meus olhos em tí, é difícil demais
te tocam suaves, nem sabes
quem em cada gesto meu há um verso sem cor
um poeta que sofre por não poder te ter

teu sorriso em mim é um dia, uma luz
arrepiam meus pelos, desejos
tua nudez, minha maldade
nossa incastidade
mas em ti não existe por mim um querer

mas não vou exigir de você, não é normal
não peça para eu não te querer
sou humano, afinal
sucumbo aos desejos mais terríveis que os medos
e o meu maior medo é não mais te querer

queria te amar, mas não amo
não queria querer, mas te quero
difícil demais interpretar essa dor
que muita gente chama até de amor

não me leve a mal por meus planos
por esse querer que não posso
por um sentimento, a culpa é de quem?
vivendo sem você, sou apenas ninguém

ISADORA

Quando te vi
Pensei na dor
Pensei em mim
Na dor que eu nunca senti

Pude ver as marcas
Feridas abertas
Cicatrizes repletas
De uma história que não vivi

Mas por sobre tudo
Pude ver teus olhos
E neles tua chama
Me fez lembrar de Deus

Transbordou em mim
Gotas de esperança
E súplica pelo teu futuro
Certo, feliz, seguro

Por longos dias

Por longas noites
Deus me fez ver
A luz que eu queria

Mesmo que duvidem
Eu sei que um dia
Saradas as feridas
Brilhará teu sorriso
Num cântico de paz

TECEDOR

o poeta tece amor tece a morte

o poeta tece amor tece a dor

o poeta tece amor tece a vida

o poeta é um tecedor

CHOVE

Chove

O dia chora

O céu inunda os caminhos

De quem está lá fora

A terra sedenta bebe

E alimenta a flora

Chove

Meu peito chora

As imagens se embaçam

Por que alguém foi embora

Meu coração sangra saudade

Das alegrias de outrora

TEENAGE DREAM

eu era apenas um jovem estudante
você não mais que uma criança
eu tinha tantos livros na estante
você tinha tanta história pra contar

eu te olhei me apaixonei foi sem medida
e quem saberia quantificar o amor?
você apenas me sorriu e não fugiu
mas nunca soube do que havia alí em mim

e nunca pude revelar-te os meus sonhos
jamais pude dedicar-te poesias
nunca saberás do amor que eu guardei
que hoje fere numa amarga lembrança

não sei por que eu nunca te falei
do que meu coração gritava sem parar
talvez por medo de outra vez ferir sofrer
outra vez ver meu peito desmoronar

hoje vendo em tuas imagens atuais

presentes e confortos da internet

te vejo feliz ao lado de um alguém que não

temeu nem hesitou te conquistar

ESPELHO

Este homem que me observa
Com seus olhos tão distantes
Um sorriso tão familiar
Este homem que reclama
De mim apenas um olhar

Que não posso contê-lo
Nem mesmo ajudá-lo
Pois de mim é tão distante
Mesmo sendo tão meu
Este homem me reclama

Estilhaço este espelho
Vil lembrança do que eu
Tentei um dia ser
Alguém menos culpado
De todos os erros do mundo

Alguém menos ausente
Dos sorrisos de vitórias
Dos amores verdadeiros

Alguém que o entendesse

E o valorizasse como é

SONHAR

Viver não é sonhar

Mas sonhar é viver

Mesmo que seja só

Um lugar distante

Mesmo que o futuro

Seja o que foi antes

Vale a pena ver o sol

Por entre as nuvens

É tão doce ver o bem

Por sobre as brumas

Mesmo que outra voz

Te chame a mergulhar

É bem melhor voar

Mesmo se o destino

For uma estação

Perdida nas lembranças

Mesmo que o impossível

Tente te impedir

Mesmo se não houver

Mais uma canção

É preciso existir

Um outro som além

Do que se pode ouvir

Uma outra voz acima

Do que podemos ver

Para que possamos crer

Que a vida é mais que viver

O AMOR QUE É MEU

Noites sem sono
Te vejo sim
Por que não aqui ?

Dias sem rumo
Calor sem fim
Por que não em mim ?

Poemas desertos
Alegram-me
Por que não a ti ?

Versos repletos
De emoção
Por que não aqui ?

Carícias tão quentes
Ardendo vens
Por que não em mim ?

Palavras tão cheias

Do amor que é meu

Por que são de ti ?

HOJE

hoje quero fazer tudo que não fiz
hoje quero sorrir e ser feliz
muito mais do que há muitos atrás
muito mais do que tudo que se diz
quero a felicidade escrita em meu nome

hoje quero que a vida seja assim
como um sonho que não acaba
como um sol que não teme nada
e manda as nuvens pra longe de si

quero fazer da liberdade a minha casa
e fincar meus pés onde Deus quiser
hoje quero sentir você, mulher
e tudo mais que me possa saciar

hoje eu quero apenas poder amar
e estar pronto pra o que der e vier
tendo a certeza de que não estou só
pois Deus já me revelou o Seu sol

me ensinou a ser luz e amanhecer

hoje eu quero te ver aprender

quero te dizer que eu te amo

e o amanhá, o tempo vai dizer

POETAS

poetas morrem
apodrecem
viram húmus

poemas vivem
para sempre

mesmo que morra
o papel

pois quem lê
vive

e a vida
não esquece o
que viveu

quem morreu
que o diga

MERGULHAR

Quero mergulhar em Ti
Teus oceanos percorrer
Insondáveis águas
Em Ti me derramar
Vou até me preencher

Eu vou voar e Teu céu
Será o chão que vou pisar
Plantar sementes de mim
Até que venha me encontrar
E em Ti possa me perder

Quero mergulhar em Ti
Teus oceanos percorrer
Dentro dos Teus sonhos
Me ver realizar
Tua vontade, teu prazer

Arder no ventre do poder
Nos altos montes vou cantar
Tua canção que não tem fim

Até que venha me encontrar

E face a face O possa ver

EU DEVIA TER DITO TE AMO

Não devia ter eu sido o fim
De um começo tão promissor
Não devia ter sido o real
Quando o sonho era toda a cor.

Não devia ter dito mentiras
Quando tudo gritava verdade
Eu devia ter dito te amo
Quando você matou a saudade.

Eu devia ter dito te amo
E tornar os teus sonhos em vida
Perceber, mesmo noite, o desejo
De um olhar que nunca foi medo.

Só devia ter dito te amo
Quando o sol sobre nós era brisa
Quando a lua era toda poesia
E você corpo e alma era minha.

ESTEVÃO

Costela por costela
O estalar dos ossos partidos
Pelas mãos rasgando o ar
Com suas pedras enfurecidas
Que caiam vermelhas sem dor.

O teu rosto abrigava
Toda a luz do sol naquele dia
Derramadas as lágrimas do céu
Cegos e surdos sorriam aliviados
Enquanto um justo morria.

DECLARAÇÃO DE AMOR

E se eu te fizesse minha?
E se eu te mostrasse o sonho?
E se eu me perdesse mudo
Na canção de um beijo seu?

Você falaria de amor?
Me revelaria teus desejos?
Me lavaria a teu lado
Ao teu lugar de chuva e sol?

Diga pois, se eu te disser
Que meu coração te exige
Às palavras tão medidas
Que dedilharei pra ti.

Você me ouviria os planos
De um amor maior que nós
Que em seus sonhos nos eleva
A um paraíso sem fim?

Ouça então que eu te amo

E não resta nada a dizer
Além do que os meus olhos
Falam agora pra você.

CANÇÃO PRA NÃO CHORAR

Se você chorar
Quando eu partir
Saiba ,amor
Que eu vou estar aí
No seu coração
Nas suas lembranças
Me abrace sempre
Que a dor chegar

Se você pensar
Que eu te esqueci
Saiba, amor
Que eu estou aqui
Pensando em você
Só não posso tocar
Me abrace sempre
Que eu te sonhar

VIDA

Narrar-te nova
Cantar-te minha
Provar-te sonho
E eterna estrada

Nascer-te sol
Fazer-te dia
Morrer-te viva
Apaixonada

Sofrer-te à gozo
Ninar-te como
Quem se destece

Prazer-te sempre
Chorar-te como
Quem hoje nasce

CANÇÃO DO FILHO

Os meus olhos não podem ver
Mas meus sonhos podem tocar
E a certeza que há em meu coração
Me faz sentir, me faz provar

Quando à noite ouço a Tua voz
Renovando a esperança
Posso ver nascer em mim Teu sol
Me saciar em Tua presença

Cavalgar meus dias nesse amor
Embriagado por Tua chama
Posso sim, pois Te tenho em mim
Eis a glória de quem ama

Te abraço, sinto o Teu calor
Tua pulsação, Tua energia
É tão lindo, Pai, te ver sorrir
Eis a essência da poesia

CANÇÃO PRA ELA

luz dos sonhos que me vem à noite
pra me lembrar que um dia eu fui feliz
mesmo num olhar, num sorriso teu
foi bem mais do que eu já tinha encontrado
em cada coração que violou o meu

no teu abraço eu me fiz tão forte
tantas vezes planejei a vida só pra nós
no meu peito reuni toda a coragem
pra enfrentar o mundo inteiro por nós dois

mas nem tudo é tão simples
e a vida de mim te levou

você se foi tão cedo levando a alegria
pra virar saudade em cada poesia
e tudo que eu queria era a chance de poder dizer
o quanto eu ainda te amo
na esperança desse sonho acontecer

PRA VENCER

Não vou desistir do que sou
Por causa das suas verdades
Não vou completar minha vida
com qualquer outra metade

Não vou desistir do meu sonho
Se os seus deram em nada
Eu vou é seguir meu caminho
Cada um que encontre uma estrada

Não vou medir meu sucesso pelo de ninguém
Me basta essa felicidade que me tem feito ir além

Pra seguir é preciso ter mais do que fé
É preciso o primeiro passo
Pra vencer nessa vida é preciso o coração ser carne e aço

E saber que na vida nem sempre se vai vencer
Mas ao invés de chorar o fracasso
Há um novo caminho pra se percorer
Não vou estender meu sorriso

Sobre o pranto de ninguém

Também não deixo que tua vaidade

Impeça o meu riso de ir além

Sei que sou louco o bastante

Para amar em mim tudo o que sou

Não vou te entregar a minha liberdade

Só porque você não me aprovou

Não vou me moldar aos fracassos de ninguém

Me basta esse jeito de ser que me faz sentir tão bem

Pra viver é preciso bem mais do que meta

É preciso desembaraço

Pra sentir todo o amor preciso o coração ser carne e aço

E que se a vida é um jogo eu tô aqui é pra vencer

Enquanto aproveito a viagem

Semeando alegria onde eu percorrer

SÓ DE AMOR

só de amor
de tristeza eu morro não
que esse coração
sabe o que é sofrer
e sabe reerguer-se
mas, no campo da paixão
se entrega á ilusão
de começar de novo
e se arrisca sem pensar
se joga sem lembrar
de mim

só de felicidade
de alegria vivo não
que o meu coração
sabe do prazer
dos enganos do querer
mas, se é pra ser feliz
se entrega sem vacilar
se joga em abismos
sem ao menos calcular

nem pensa em qual vai ser

meu fim

ah, dessa arte de viver

só se conta a teoria

a chegada e a folia

mas na hora do vamos ver

vamos ver quem vai temer

vamos ver quem vai ganhar

vamos ver o que vai ser

quando se houver que chorar

bem, mas isso vale a pena

minhalma não é pequena

e sabe que tropeçar

nos percalços do amor

nos ensina a ser maior que a dor

e a chegar no fim da vida

com a loucura e a alegria

de quem acaba de nascer

NAS ASAS DO TEU AMOR

vem amor que eu quero te mostrar onde nasce o sol

onde a curva da noite se transforma em luz pra nos
iluminar

vem que eu quero te levar aonde brotam os dias

e os sonhos que nos fazem despertar pra vida e alcançar

tudo o que for mais belo, tudo que se pode ser

vem que eu quero desbravar os ocenaos do teu olhar

me entregar no turbilhão de cores de um beijo seu

vem inundar o meu corpo com tua energia

multiplicar nossa alegria no calor de uma canção

a tudo o que for mais puro, a tudo o que se deve ser

deixa eu te levar no peito no meu sonho em meu coração

quando eu não tiver o teu sorriso pra me aquecer

e lembrar que mesmo a longa estrada não separa o que é
pra durar

deixa que eu deixe o meu sonho o se juntar ao teu

vem escrever minha história de amor

eu me encontrei quando me perdi de amor por você

descobri um sentido na vida sob as asas do teu amor

JANELA

posso ver a lua
a lua e o céu
a lua o céu estrelas
estrelas de papel
papel em branco sonhos
sonhos em branco o céu
o céu azul tão claro
claro de aul e sol
a rua o beco o passo
passo carreira e voz
vozes contando a vida
vida que não tem voz
vida que não tem vida
grades de paz ao sono
sono de despedida
e tudo recomeça

nascer o sol brilhar
brilhar trazendo amor
calor que nos enlace
passe a ter outra cor

nos olhos de criança
dançar conforme quer
querer ser livre, sinta
esteja onde estiver

VIAGEM

Burilando sonhos
Da cor das paisagens
Desvendando o céu
Na arte das nuvens
Eternizando o tempo
Em canções rock'n road
Na velocidade do desejo
Levo a estrada
Onde quero chegar

Os livros que não li
Amores que meu paladar
Nunca me nutriu
Os olhos que não olhei
Nos olhos e provei
Julgamentos incertos
A vida que me resta
Estrada que me leva
Onde eu quero chegar

MANHÁS DE SOL

Desejos do meu coração
Voam os pássaros sob meus pés
Tu és essa louca razão
Cantam meus sonhos hinos a ti

Sinto o vento me tocar
Assim teu abraço me leva onde eu quis
Feliz mergulho nesse mar
Em mim passeiam doces canções

E a vida se refaz num dia de amor
Sabor das manhãs, sol e poesia
Compondo os versos da minha vida

O eterno dissipa as noites sem cor
Não fosse assim eu nada seria
Nessa canção de amor sempre viva

CARNEIRINHOS

Dedicado à Paulo, Agleide e Indy.

Fogo e prece
Apresse o passo
No espaço e peça
Depressa a busca.
Acalma a alma
Louca do pouco
Que não tem
Quando vem
Rolar-me nas noites
Navegando naus
Frágeis, fugazes
À ferozes voragens
Furacões selvagens
Neblinas, imagens
Caído na cama.

Chama, chame
O chão perdido
Caído na lama
Nas damas das torres

Dos ases de copas
De cópulas vis
Que vi, não temi
Laços mordaças.
Pedaços de mim
Mirando miragens
Passagens pro nada.

Alarmada a alma
Acordada hoje
Corta a corda
E clama: ó chama
Chama-me à volta,
Ó fogo e prece
Aquece o caminho
Do vinho tão d'Ele
Releve-me e eleve-me
De volta ao seu Céu.

O HERÓI

Percorrendo os campos seus

O bravo herói

Que conhece a vida

E sabe como dói

Vem buscar amores seus

Sua noiva que o espera

Pelos séculos e séculos

Desta triste era

Em luz a seu encontro

Ele vem na escuridão

Sabendo o profundo

De cada coração

AOS PREGADORES

Inspirado nos sermões de Padre Antonio Vieira.

Dá-me espelhos, luz e vista

Que eu conheça a verdade

Não à noite, não às cegas

Mas como água em claridade

Três coisas necessito

A palavra, a vida e Deus

Do consenso destas três

Fazes discípulos teus

Que brote forte o primeiro

E eterno fogo do amor

No coração dos desejos

Que nasçam frutos perfeitos

Da verdade que implantou

A palavra em meu peito

AQUELA CASINHA SIMPLES

Aquela casinha simples
Pouso da brisa primeira
Onde o sol a cada dia
Ia primeiro visitar
Foi o berço dos meus sonhos
Foi o primeiro ligar
Onde a vida sempre ia
Me chamando pra voar

Ah, meu primeiro amor
Minha vontade de matar
Meus amores da inocência
Minhas dores sem perdão
A felicidade e o medo
Construíram um coração
Como aquela casa simples
Que aprendeu a se firmar
Mesmo se suas paredes
Quiserem desmoronar

CÁLICE DE CRISTAL

Teus olhos sóis e luas

Marcas nuas

Dos dias que crias

Pra voar

Ventos livres

Que te levam

A qualquer lugar

Beijo tua boca

Travessia louca

Do meu ao teu pulsar

Nós dois um rio

Do cheio ao vazio

Cálice de cristal

Canto teu verso

Meu eu imerso

Nos mares do teu sal

O GRITO

I

Tenho algo preso na garganta

E quero vomitá-lo agora

Sangrar meu corpo

Em cada estrela noite afora

Vestir-me o verbo

Que aprisiona os insensatos

Navalha em punho

Trucidando os assassinos

Da verdade dos fatos

Que te fiz eu porco imundo dissabor

Pra me ferires em satânico labor?

Do meu escárnio fizeste teu prazer

Que os vermes te devorem em lazer

Que mal te fiz ó rosa negra sem paixão?

Choro em clausura por divina provisão

Não pra ser alvo do espinho em tua voz

Pra me ferir quando me sinto frio e só

II

Tenho algo preso em meu peito

E temo enfartar agora

Não ser meu grito

A chama a destruir lá fora

Vencendo os medos cães de caça

Que rondam minha rua

Na noite nua

Crua

E meu amor morrendo sem luz nenhuma

Definha a canção

À luz da lua

As lágrimas sonham

Os passos, tiros no escuro

As vozes sala de espelhos

As faces assombram

Flores brotando no muro

Do aço dos meus meninos

Sombrios, sozinhos

III

Que te fiz eu, janelas implacáveis
Das podres casas torpes?
Ornamentas tua fachada
Mas o esgoto do teu sangue
Frutifica o verme em chamas
Pra que eu possa me perder
Na solidão do esquecimento
Na prisão da indiferença

Secais a rima, cobras negras em peçonha
Morram teus filhos em esplêndida vergonha
Pra que eu possa cantar em teu sepulcro
A canção mais linda que houver
Sobre a alegria de estar vivo

Pois tenho algo preso na garganta
E quero vomitá-lo agora
No prato dos que cuspiram no meu
Até que o mundo exploda
Até que eu veja que o de antes morreu
Sem retorno foi-se embora
Onde os sonhos não lhe tocam

Nem ouço as vozes que imploram

O seu retorno e o meu fim

AMADA

Flor mais linda do perfeito jardim
Perfuma os dias arraigada em mim
Todos os sóis nos nascem em festim
Num gozo total de amor sem fim

A noite vem, para ver-te brilhar
Oceano em teu céu durmo a provar
Em teus sussurros posso mergulhar
Como se o tempo esquecesse andar

Na melodia do mais puro amor
Compondo dias de raro esplendor
Na obra prima do Sumo Senhor

Morreram mortes e medo pois vi
Que a flor mais linda floresceu aqui
Vivo meu sonho arraigado em ti

AMOR

Vou te levar
Ao lugar onde serás livre
Pra voar

Mas não deixarei

Pois se voares
Como viverei

CANÇÃO AZUL

Manhãs macias me ouvem
Áspera noite em vigília
Das torres olhos vendados
O rei ninando suas filhas
Em doces verdes pecados

O sol roubando o silêncio
Escala os montes erguidos
Do meu grito amordaçado
Do meu depois em perigo
Pelo que me foi roubado

Ouvido cala-se cego
Palavra fogo me limpa
Ouço o céu embriagado
Azul canção a mais linda
Torna a mordaça em passado

Manhãs delícias me vêem
Em sol queimando a matilha
Em Deus grito impulsionado

Calando toda guerrilha

Em meu sonho libertado

NAS TERRAS DA MINHA PEREGRINAÇÃO

Nas terras da minha peregrinação
Dia e noite oro e choro em tua presença
Pois castiga corpo e alma a sequidão
Tua promessa é minha única esperança

Vejo no céu brotar a chuva do teu pão
O que preciso me dás diariamente
Dás novos sonhos a este coração
Minha vida é te ter continuamente

Sigo firme o meu caminho em direção
Ao lugar do meu descanso e eterna vida
Sempre em frente, ao cansaço eu digo não
Meu destino é a Terra Prometida

Tua promessa é minha única esperança
Pois castiga corpo e alma a sequidão
Dia e noite oro e choro em tua presença
Nas terras da minha peregrinação

FOME

Bichos
Roem os restos na cozinha
A fome mostra sua face

Luta no reino animal

Formigas e a mão trêmula do homem
Disputam bolachas de sal

IGREJA

Uno e verso

Do universo

Cara ou coroa

A mesma face

Outra moeda

Sombras na luz

Você e Deus

Diabo e cruz

Fiéis ateus

Mesma moeda

Tantas faces

Reis e ases

Bispos cavalos

Torres e tronos

Desonrados

Quem nos conduz?

Fiéis usados

Deus é juiz

Santos culpados

Tantos pecados

Qualquer moeda

Muda a face

Ter o poder

Arrebanhar

Outra moeda

Pra saciar

Onde nos conduz?

Eis o barranco

Tudo no banco

Bem guardado

Coroa cara

Ta vendo, cara

O temor súbito?

Eis o púlpito!

Quem dá mais?

YOUTH

Garotos que mal sabem
Dizer de onde vieram
Arremessam suas vidas
Onde não se espera.
Não há mais revolução
O sonho mais distante
É apenas o prazer,
A luta que se trava
É apenas não crescer,
Não aprender.

Em seus olhos nada novo
Flashbacks do passado,
Novas roupas, moda velha.
Eis a grande descoberta,
O sonho se perdeu.
Legal é ser seu deus
Sem lei e sem comando.
Até quando eu não sei,
Não há tempo pra restar.

Sem ideais, sem idéias,

Na batida do progresso

Filosofia é não pensar.

Na busca por liberdade

São escravos de si mesmos.

Andar à esmo

Não vai nos levar

A qualquer lugar,

Só de onde não dá pra voltar.

ENCONTRO

tantas noites escuras andei
pelos bares perdido busquei
aquilio que sempre andava comigo
tanto tempo querendo você
sem ao menos te conhecer
no mais belo sonho compus teu sorriso

ironia eu te encontrar
eu já nem procurava mais
a vida me fez caminhante sozinho
mas veio você me mostrar um caminho
veio você e me deu amor

em tantos versos eu te desenhei
nos teus lábios eu me procurei
fiz do teu calor o meu lar, meu abrigo
tanto tempo temendo perder
esse tempo sem te perceber
valeu a pena ser o teu destino

eu já nem procurava mais

mas a vida ousou me dar
 na força de um homem a fé de um menino
veio você e traçou meu caminho
veio você e me fez de amor

PARADOXO

Meu caminho é sinuoso
Mesmo andando em linha reta
Não consigo achar meu rumo
Um sinal, uma placa, uma seta
Que me leva a qualquer lugar
Que não seja por aqui

Aqui eu estive ontem
Hoje eu quero fugir
Quero pegar o meu carro
Pisar o acelerador
Quero espinhos no meu pé
Quero aliviar a dor

Por favor
Não desvie o meu caminho

O meu pensar é tóxico
Minha vida é um paradoxo
É só isso que te peço
Não desvie o meu caminho

Respiro vários ares

Ando pelos bares

Igrejas, cabarés

Procurando me encontrar

Pois estou perdido em mim

E só eu sei a saída

Mas não consigo achar-me

Pra perguntar o caminho

Por favor

Não mude o meu destino

O meu olhar é tóxico

Minha mente é um paradoxo

Deturpada pela mídia e pelo sexo

À procura de um sentido

De uma meta, de um nexo

É só isso que te peço

Não mude o meu destino

Eu não vejo nada em mim

Que se pareça comigo

Nem um abraço festivo
Nem ao menos um amigo

Eu não tenho mais vida
Mas a morte não quer me ter
Nem o amor, nem amizade
Nem o ódio quer me ver

Por favor
Não me deixe aqui sozinho

Meu prazer é tóxico
Meu agir é um paradoxo
É só isso que te peço
Não me deixe aqui sozinho
Quero ver uma só luz
Nesse meu longo caminho

Indo de encontro ao vento
Escuto a voz da verdade
Quando tudo sopra a meu favor
Vejo mentira e falsidade
Me disseram que o amor

Tudo cura e todos liberta

Mas quando senti o amor

Minha alma ficou deserta

Meu boms enso se esvaiu

Ele fez a coisa certa

Me deixando abandonado

Por favor

Não fique mais ao meu lado

O meu pensar é tóxico

Minha vida é um paradoxo

É só isso que te peço

Não fique mais ao meu lado

INFINITO

O meu tempo é curto
O meu sonho não é
Se morro sou infinito
O meu corpo não é

Se morro minha voz cala
Mas minhas palavras vão
Se morro hoje
Renascerei amanhã

Amanhã húmus serei
Serei o deus e o rei
Do verme que me come

Nunca mais terei fome
Serei um rei verei Deus
A terra terá meu nome

CRIME

Sexo no mar
Lágrimas no ar
Coração vá lá
Saber o que há

Sangue ao chão
Flores na mão
Vá lá coração
Saber a razão

Preste atenção no tempo
Ele pode te revelar
Coo eles vão atacar

Tome cuidado com os olhos
Eles podem querer te mostrar
A dor que não queres sangrar

VIDA EM CUBO

Este frio é o consolo
De quem não mais sente calor
Um beijo é uma tortura
Pra quem não sente amor

Dias e noites são curtos
Segundo intermináveis
Cem anos sem nuvens
Sem palavras amáveis

Pago caro uma dívida
Que é impossível quitar
Repor um pedaço de Deus
Que eu ousei arrancar

As dores são infinitas
As lágrimas dizem tudo
Vejo a vida me matar
Me reduzir a um cubo

ADEUS

Hoje o vento sopra forte
Forte como o meu medo
Como a minha tristeza

A casa está deserta
Minha vida está vazia
Talvez seja mesmo a coisa certa

Meu corpo pede um afago
Minha vida pede um descanso
Minha vida pede um abrigo
Pede coisas que não alcanço

Tudo tem o seu tempo, eu sei
Não era pra ser assim
Mas não me arrependo
Ninguém sofrerá por mim

NA ESTRADA

Na estrada meu carro desliza
Percorre meu peito uma dor
Partir
Deixar pra trás
A vida
Um amor...

Em busca de uma quimera
Quem dera, quem dera
Que tudo fosse o meu desejo

Teu beijo
Em teu colo deitar
Te amar

No rádio do carro uma canção
Me fala sorrindo de amor
Na chuva de acordes vermelho buquê
São lágrimas de dor

É tudo o que eu posso fazer

Voltar...

Nem pensar

No rádio do carro uma canção

Meu mundo a girar, a girar

SOBRE O AUTOR.

Victor Bruno Fernandes Siebra nasceu em Várzea Alegre, Ceará, em 1983. Com a mãe Marta Yris e com a tia Isabel, ambas professoras, desenvolveu desde cedo o amor pelas letras. Formou-se em Jornalismo pela Universidade Federal do Piauí e pós-graduou-se em Língua Portuguesa e Arte-Educação pela Universidade Regional do Cariri onde chegou a lecionar. É professor do Ensino Médio, palestrante, músico e... poeta nas horas mais sombrias. É membro da Academia Varzealegrense de Letras desde 2012.